अनुपम सुलेख अभ्यास

2

AMANDA IMPRINT
(An Imprint of Laxmi Publications Pvt. Ltd.)
(An ISO 9001:2008 Company)
कोचीन • कोलकाता • गुवाहाटी • चेन्नई • जालंधर
बेंगलुरु • मुंबई • राँची • लखनऊ • हैदराबाद • नई दिल्ली
बोस्टन (यू.एस.ए.) • नैरोबी (केन्या)

अनुपम सुलेख अभ्यास-2

भारत में मुद्रित और जिल्दबंद
टाइपसैट : एक्सिलेंट ग्राफिक्स, दिल्ली
नवीनतम संस्करण
ISBN : 978-93-5274-015-4

भारत में प्रकाशित, द्वारा–

AMANDA IMPRINT
(An Imprint of Laxmi Publications Pvt. Ltd.)
An ISO 9001 : 2008 Company
113, गोल्डन हाउस, दरियागंज,
नई दिल्ली–110002, इंडिया
फोन : 91-11-4353 2500, 4353 2501
फैक्स : 91-11-2325 2572, 4353 2528
www.laxmipublications.com info@laxmipublications.com

शाखाएँ

©	कोचीन	0484-237 70 04,	405 13 03
©	कोलकाता	033-22 27 43 84	
©	गुवाहाटी	0361-254 36 69,	251 38 81
©	चेन्नई	044-24 34 47 26,	24 35 95 07
©	जालंधर	0181-222 12 72	
©	बेंगलुरु	080-26 75 69 30	
©	मुंबई	022-24 93 12 61	
©	राँची	0651-220 44 64	
©	लखनऊ	0522-220 99 16	
©	हैदराबाद	040-27 55 53 83,	27 55 53 93

C—13556/017/03
मुद्रक: SPPPL, Delhi

दो बातें

अनुपम सुलेख अभ्यास आपके हाथों में सौंपते हुए असीम हर्ष की अनुभूति हो रही है। इस पुस्तक की रचना का मुख्य उद्देश्य विद्यार्थियों के लेख को सुंदर बनाना है। अतः इस पुस्तक के प्रणयन में सरलता, सरसता, शुद्धता और स्पष्टता की ओर विशेष ध्यान दिया गया है। यह पुस्तक सुलेख के साथ-साथ अनेक उद्देश्यों को भी पूर्ण करती है; जैसे– भाषा पर मजबूत पकड़, नूतन और पुरातन लेखन-कला की सहज व सरल समझ, सामान्य ज्ञान में वृद्धि, व्यंजन, अर्ध-व्यंजन, शब्द और वाक्यों की सुदृढ़ संरचना आदि का ज्ञान कराना।

सुंदर लेख विद्यार्थी को सबका प्रिय बना देता है। लेख की सुंदरता हमारे व्यक्तित्व का अटूट हिस्सा है। अतः बाल्यावस्था से ही लेख को सुंदर बनाने का अभ्यास करना चाहिए। इसके लिए **अनुपम सुलेख अभ्यास** अत्यंत ही उपयोगी पुस्तक है। इसे रचनात्मक गतिविधियों के माध्यम से और भी रोचक बनाया गया है। आशा है कि यह पुस्तक विद्यार्थियों के लेख को सुंदर बनाने में उपयोगी सिद्ध होगी।

लेखिका

विषय-सूची

काव्य पंक्तियों का अभ्यास

होली

होली आई, होली आई,
सबके मन को भायी।
गुलाल लगाओ, खुशी मनाओ,
सब मिलकर खेलो भाई।

होली आई, होली आई, सबके मन को भायी।
गुलाल लगाओ, खुशी मनाओ, सब मिलकर खेलो भाई।

दिनांक : ....

अति उत्तम ☐ उत्तम ☐ साधारण ☐
हस्ताक्षर : ....

गुब्बारे

गुब्बारों का लेकर ढेर,
देखो आया है शमशेर।
हरे, बैंगनी, लाल, सफेद,
रंगों के हैं कितने भेद।

गुब्बारों का लेकर ढेर, देखो आया है शमशेर।
हरे, बैंगनी, लाल, सफेद, रंगों के हैं कितने भेद।

तितली

सुंदर-सुंदर पंख हैं मेरे,
बागों में मैं जाती हूँ।
फूल मुझे अच्छे लगते हैं,
बच्चों को मैं भाती हूँ।

सुंदर-सुंदर पंख हैं मेरे, बागों में मैं जाती हूँ।
फूल मुझे अच्छे लगते हैं, बच्चों को मैं भाती हूँ।

पतंग

दूर गगन में उड़ती हूँ मैं,
सर-सर करती जाती हूँ।
कभी किसी को काटूँ मैं,
कभी स्वयं कट जाती हूँ।

दूर गगन में उड़ती हूँ मैं, सर-सर करती जाती हूँ।
कभी किसी को काटूँ मैं, कभी स्वयं कट जाती हूँ।

जोकर

लाल-लाल हैं इसके गाल,
मतवाली है इसकी चाल।
मोटा पेट हिलाता है,
सबको खूब हँसाता है।

लाल-लाल हैं इसके गाल, मतवाली है इसकी चाल।
मोटा पेट हिलाता है, सबको खूब हँसाता है।

दिनांक : ....

अति उत्तम ☐ उत्तम ☐ साधारण ☐
हस्ताक्षर : ....

गोभी

देखो जी हर बराती में,
है कैसा उत्साह।
गोभी जी के संग हो रहा,
आलू जी का ब्याह।

देखो जी हर बराती में, है कैसा उत्साह।
गोभी जी के संग हो रहा, आलू जी का ब्याह।

नदियाँ

अगर न होती निर्मल नदियाँ,
जग की प्यास बुझाता कौन!
अगर न होते पर्वत ऊँचे,
झरने भला बहाता कौन!

अगर न होती निर्मल नदियाँ, जग की प्यास बुझाता कौन!

अगर न होते पर्वत ऊँचे, झरने भला बहाता कौन!

दिनांक : ....

अति उत्तम ☐ उत्तम ☐ साधारण ☐

हस्ताक्षर : ....

डाकिया

खाकी वर्दी, खाकी थैला,
साइकिल पर वह आता है।
ट्रिन-ट्रिन की घंटी बजाता,
डाक बाँटता जाता है।

खाकी वर्दी खाकी थैला, साइकिल पर वह आता है।
ट्रिन-ट्रिन की घंटी बजाता, डाक बाँटता जाता है।

दिनांक : ....

अति उत्तम ☐ उत्तम ☐ साधारण ☐
हस्ताक्षर : ....

चाँद

हठ कर बैठा चाँद एक दिन,
माता से यह बोला।
सिलवा दो माँ मुझे ऊन का,
मोटा एक झिंगोला।

हठ कर बैठा चाँद एक दिन, माता से यह बोला।
सिलवा दो माँ मुझे ऊन का, मोटा एक झिंगोला।

सपना

कल सपने में क्या-क्या देखा,
आओ तुम्हें सुनाऊँ।
सपनों की अनुपम दुनिया की,
चलो सैर करवाऊँ।

कल सपने में क्या-क्या देखा, आओ तुम्हें सुनाऊँ।
सपनों की अनुपम दुनिया की, चलो सैर करवाऊँ।

परी

सोन परी ने प्यार लुटाया,
बिठा पंख पर खूब हँसाया।
हाथ मिलाने आए तारे,
आसमान के करतब न्यारे।

सोन परी ने प्यार लुटाया, बिठा पंख पर खूब हँसाया।

हाथ मिलाने आए तारे, आसमान के करतब न्यारे।

वाक्यों का अभ्यास

पोंगल

पोंगल मुख्यतः तमिलनाडु का त्योहार है।

पोंगल मुख्यतः तमिलनाडु का त्योहार है।

दिनांक : ....

अति उत्तम ☐ उत्तम ☐ साधारण ☐

हस्ताक्षर : ....

पोंगल का त्योहार चार दिन तक मनाया जाता है।

पोंगल का त्योहार चार दिन तक मनाया जाता है।

घर-आँगन विशेष रूप से सजाए जाते हैं।

घर-आँगन विशेष रूप से सजाए जाते हैं।

भोगी पोंगल के दिन इंद्र देवता की पूजा की जाती है।

भोगी पोंगल के दिन इंद्र देवता की पूजा की जाती है।

इंद्र देवता वर्षा के देवता माने जाते हैं।

इंद्र देवता वर्षा के देवता माने जाते हैं।

दूसरे दिन सूर्य देवता की पूजा की जाती है।

दूसरे दिन सूर्य देवता की पूजा की जाती है।

सूर्य से हमें ऊष्मा और ऊर्जा प्राप्त होती है।

सूर्य से हमें ऊष्मा और ऊर्जा प्राप्त होती है।

तीसरे दिन मट्टू पोंगल मनाया जाता है।

तीसरे दिन मट्टू पोंगल मनाया जाता है।

इस दिन पशुओं को विशेष रूप से सजाया जाता है।

इस दिन पशुओं को विशेष रूप से सजाया जाता है।

इसके चौथे दिन मीठा पोंगल मनाया जाता है।

इसके चौथे दिन मीठा पोंगल मनाया जाता है।

बहनें अपने भाइयों को तिलक लगाकर मिठाई खिलाती हैं।

बहनें अपने भाइयों को तिलक लगाकर मिठाई खिलाती हैं।

दोहों का अभ्यास

ऐसी बानी बोलिए, मन का आपा खोए।
औरन को सीतल करे, आपहु सीतल होए।।

ऐसी बानी बोलिए, मन का आपा खोए।
औरन को सीतल करे, आपहु सीतल होए॥

दिनांक : ....

अति उत्तम ☐ उत्तम ☐ साधारण ☐
हस्ताक्षर : ....

काल करे सो आज कर, आज करे सो अब।
पल में परलय होएगी, बहूरी करोगे कब।।

काल करे सो आज कर, आज करे सो अब।
पल में परलय होएगी, बहूरी करोगे कब।।

जो रहीम उत्तम प्रकृति, का करि सकत कुसंग।
चंदन विष वयापत नहीं, लिपटत रहत भुजंग।।

जो रहीम उत्तम प्रकृति, का करि सकत कुसंग।
चंदन विष वयापत नहीं, लिपटत रहत भुजंग।।

रहिमन विपदा ही भली, जो थोरे दिन होय।

हित अनहित या जगत में, जानि परत सब कोय।।

रहिमन विपदा ही भली, जो थोरे दिन होय।

हित अनहित या जगत में, जानि परत सब कोय।।

माटी कहे कुम्हार से, तू क्या रौंदे मोय।
इक दिन ऐसा आएगा, मैं रौंदूँगी तोय।।

माटी कहे कुम्हार से, तू क्या रौंदे मोय।
इक दिन ऐसा आएगा, मैं रौंदूँगी तोय।।

दिनांक : ....

अति उत्तम ☐ उत्तम ☐ साधारण ☐
हस्ताक्षर : ....

बिना बिचारै जो करै, सो पाछे पछताय।
काम बिगारै आपनो, जग में होत हसाय।।

बिना बिचारै जो करै, सो पाछे पछताय।
काम बिगारै आपनो, जग में होत हसाय।।

दौलत पाय न कीजिए, सपनेहुँ अभिमान।
चंचल जल दिन चारि को, ठाऊँ न रहत निदान।।

दौलत पाय न कीजिए, सपनेहुँ अभिमान।
चंचल जल दिन चारि को, ठाऊँ न रहत निदान।।

साईं सब संसार में, मतलब को व्यवहार।
जब लगि पैसा गाँठ में, तब लग ताको यार।।

साईं सब संसार में, मतलब को व्यवहार।
जब लगि पैसा गाँठ में, तब लग ताको यार।।

दिनांक : ....

अति उत्तम ☐ उत्तम ☐ साधारण ☐
हस्ताक्षर : ....

करत-करत अभ्यास के, जड़मति होत सुजान।

रसरी आवत जात ते, सिल पर परत निसान।।

करत-करत अभ्यास के, जड़मति होत सुजान।

रसरी आवत जात ते, सिल पर परत निसान।।

अति उत्तम ☐ उत्तम ☐ साधारण ☐

हस्ताक्षर : ....

गुरू गोबिंद दोउ खड़े, काके लागूँ पाँय।
बलिहारी गुरू आपने, गोबिंद दियो बताय।।

गुरू गोबिंद दोउ खड़े, काके लागूँ पाँय।
बलिहारी गुरू आपने, गोबिंद दियो बताय।।

दिनांक : ....

अति उत्तम ☐ उत्तम ☐ साधारण ☐
हस्ताक्षर : ....

मुहावरे और लोकोक्तियों का अभ्यास

चिराग तले
अँधेरा होना।

चिराग तले अँधेरा होना। चिराग तले अँधेरा होना।

दिनांक : ....

अति उत्तम ☐ उत्तम ☐ साधारण ☐
हस्ताक्षर : ....

आस्तीन का साँप होना।

आस्तीन का साँप होना। आस्तीन का साँप होना।

हाथों के
तोते उड़ना।

हाथों के तोते उड़ना। हाथों के तोते उड़ना।

दिनांक : ....

अति उत्तम ☐ उत्तम ☐ साधारण ☐

हस्ताक्षर : ....

जल-थल होना।

जल-थल होना।	जल-थल होना।

घी के
दीए जलाना।

घी के दीए जलाना।	घी के दीए जलाना।

दिनांक : ....

अति उत्तम ☐ उत्तम ☐ साधारण ☐
हस्ताक्षर : ....

अब पछताए होत
क्या, जब चिड़िया
चुग गई खेत।

अब पछताए होत क्या, जब चिड़िया चुग गई खेत।

आम के आम गुठलियों के दाम।

आम के आम गुठलियों के दाम।

खोदा पहाड़ निकली चुहिया।

खोदा पहाड़ निकली चुहिया।

दिनांक : ....

अति उत्तम ☐ उत्तम ☐ साधारण ☐

हस्ताक्षर : ....

तेते पाँव पसारिए जेती लाँबी सौर।

तेते पाँव पसारिए जेती लाँबी सौर।

अधजल गगरी छलकत जाय।

अधजल गगरी छलकत जाय।

ऊँची दुकान फीका पकवान।

ऊँची दुकान फीका पकवान।

डूबते को तिनके का सहारा।

डूबते को तिनके का सहारा।

का वर्षा जब कृषि सुखाने।

का वर्षा जब कृषि सुखाने।

थोथा चना बाजे घना।
थोथा चना बाजे घना।

थोथा चना बाजे घना। थोथा चना बाजे घना।

उलटा चोर कोतवाल को डाँटे।

उलटा चोर कोतवाल को डाँटे।

कहाँ राजा भोज, कहाँ गंगू तेली!

कहाँ राजा भोज, कहाँ गंगू तेली!

एक मछली सारे तालाब को गंदा कर देती है।

एक मछली सारे तालाब को गंदा कर देती है।

एक करेला दूजे नीम चढ़ा।

एक करेला दूजे नीम चढ़ा।

काला अक्षर भैंस बराबर काला अक्षर भैंस बराबर

काला अक्षर भैंस बराबर काला अक्षर भैंस बराबर

एक अनार सौ बीमार एक अनार सौ बीमार

एक अनार सौ बीमार एक अनार सौ बीमार

दिनांक : ....

अति उत्तम ☐ उत्तम ☐ साधारण ☐

हस्ताक्षर : ....

पर्यायवाची शब्दों का अभ्यास

आँख	नेत्र	नयन	लोचन
आँख	नेत्र	नयन	लोचन

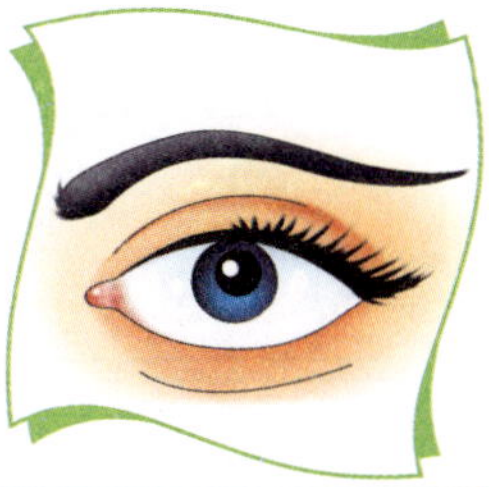

नारी	महिला	कामिनी	ललना
नारी	महिला	कामिनी	ललना

घर	निकेतन	सदन	भवन
घर	निकेतन	सदन	भवन

हाथी	हस्ती	कुंजर	मतंग
हाथी	हस्ती	कुंजर	मतंग

कमल	शतदल	पंकज	सरोज
कमल	शतदल	पंकज	सरोज

पेड़	तरू	वृक्ष	महीरूह
पेड़	तरू	वृक्ष	महीरूह

साँप	भुजंग	अहि	नाग
साँप	भुजंग	अहि	नाग

फूल	पुष्प	सुमन	कुसुम
फूल	पुष्प	सुमन	कुसुम

दिनांक : ....

अति उत्तम ☐ उत्तम ☐ साधारण ☐

हस्ताक्षर : ....

सूर्य	रवि	दिनकर	दिवाकर
सूर्य	रवि	दिनकर	दिवाकर

पक्षी	विहग	द्विज	खग
पक्षी	विहग	द्विज	खग

नौका	तरिणी	नाव	बेड़ा
नौका	तरिणी	नाव	बेड़ा

झंडा	ध्वज	पताका	केतन
झंडा	ध्वज	पताका	केतन

दिनांक : ....

अति उत्तम ☐ उत्तम ☐ साधारण ☐

हस्ताक्षर : ....

चाँद	चंद्रमा	सुधांशु	सुधाकर
चाँद	चंद्रमा	सुधांशु	सुधाकर

राजा	नृप	भूपति	नरेश
राजा	नृप	भूपति	नरेश

पृथ्वी	धरती	वसुंधरा	वसुधा
पृथ्वी	धरती	वसुंधरा	वसुधा

घोड़ा	घोटक	अश्व	तुरंग
घोड़ा	घोटक	अश्व	तुरंग

दिनांक : ....

अति उत्तम ☐ उत्तम ☐ साधारण ☐

हस्ताक्षर : ....